CASPAR DAVID FRIEDRICH
ET LA TRAGÉDIE DU PAYSAGE

— Les premiers pas du romantisme allemand

par Céline Muller

50MINUTES

Avec la collaboration d'Anthony Spiegeler

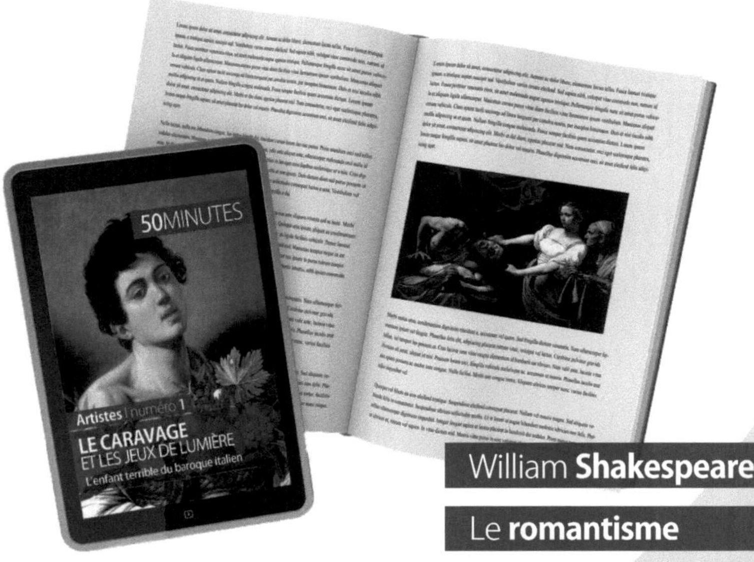

50MINUTES

CULTIVEZ-VOUS
SANS MODÉRATION !

50MINUTES
Artistes | numéro 1
LE CARAVAGE
ET LES JEUX DE LUMIÈRE
L'enfant terrible du baroque italien

William Shakespeare
Le romantisme
Gustav Klimt
Eugène Delacroix
Victor Hugo

www.50minutes.com

CASPAR DAVID FRIEDRICH

- **Naissance ?** Né le 5 septembre 1774 à Greifswald (Allemagne).
- **Mort ?** Décédé le 7 mai 1840 à Dresde.
- **Contexte ?** Friedrich est considéré comme le plus important peintre paysagiste du romantisme allemand.
- **Œuvres majeures ?**
  - *Le Retable de Tetschen* (1808)
  - *Le Moine au bord de la mer* (1808-1810)
  - *L'Abbaye dans une forêt de chênes* (1809-1810)
  - *Le Voyageur contemplant une mer de nuages* (1817)
  - *Falaises de craie sur l'île de Rügen* (1818)
  - *Femme à la fenêtre* (1822)
  - *La Mer de glace* (1824)

Incarnation parfaite de l'idéal romantique du génie créatif à la sensibilité exacerbée, Caspar David Friedrich est l'auteur d'une œuvre empreinte de son histoire personnelle, marquée par le deuil et les épreuves.

Friedrich rend ses lettres de noblesse au genre du paysage, dont il fait même, par certains aspects, l'égal de la peinture d'histoire. Si ses toiles ne manquent pas d'un certain naturalisme, c'est avant tout son paysage intérieur que Friedrich met en couleur. S'adressant directement à l'imagination du spectateur, il l'invite à entrer dans ses compositions pour en découvrir le sens par lui-même. Ses nombreux paysages émergeant dans le lever ou la tombée du jour, recouverts de brumes et ponctués de personnages souvent représentés de dos, témoignent de son intérêt pour la thématique de la révélation. En effet, à travers le caractère sublime de la nature, l'artiste cherche inlassablement à approcher le divin.

Après avoir suivi des études à l'académie de Copenhague, Friedrich s'établit à Dresde, qu'il ne quittera plus. Fervent partisan du développement d'un art typiquement allemand, il s'oppose au rationalisme des Lumières et à la fascination néoclassique pour l'Antiquité gréco-romaine, au profit d'œuvres aux accents gothiques caractéristiques du romantisme naissant. S'il connaît momentanément le succès – certains de ses tableaux sont même achetés par des princes prussiens –, sa réputation d'artiste maudit et incompris le poursuivra jusqu'à la fin de sa vie.

L'UNIFICATION DE L'ALLEMAGNE

Le début du XIXe siècle est marqué par la chute du Saint Empire romain germanique. Ce qui se présentait jusqu'alors comme un ensemble plus ou moins cohérent de petites entités indépendantes, réunies par un même impôt et une soumission aux mêmes institutions impériales – comme la diète d'Empire, *Reichstag* en allemand –, tend dorénavant vers une plus grande unité.

Après l'abdication de l'empereur François II (1768-1835) en 1806, sous la menace des troupes de Napoléon Bonaparte (1769-1821), les peuples germaniques gagnent en cohésion, liés par une culture commune et un même état d'esprit face à l'envahisseur. En effet, la mise en place d'un blocus visant à affamer l'Europe centrale ainsi que, notamment, les campagnes napoléoniennes de Pologne et de Russie, dans lesquelles de nombreux Allemands se sont engagés et ont perdu la vie, amènent les peuples germaniques à faire front commun contre la domination française.

De même, sur le plan économique, un marché unique est instauré et les frontières sont ouvertes pour diminuer la compétition commerciale entre les différents États allemands, ajoutant ainsi un facteur de cohésion supplémentaire. C'est ainsi que se développe peu à peu un véritable nationalisme allemand, qui aboutit progressivement à l'idée d'un État allemand unifié.

LE *STURM UND DRANG*

C'est sur ce terrain particulièrement propice que le mouvement romantique voit le jour à la fin du XVIIIe siècle sous la forme d'un mouvement littéraire appelé *Sturm und Drang* (« tempête et élan »). Regroupant essentiellement des jeunes écrivains révoltés contre les idéaux universalistes et rationalistes des Lumières, il promeut la mise en avant de la sensibilité personnelle de chaque individu. De grands noms se détachent rapidement de ce mouvement et acquièrent un certain succès, à l'image de Caspar David Friedrich, qui mêle la représentation de la nature à l'approche du divin, Philipp Otto Runge (1777-1810), dont l'œuvre accorde également une large place à la nature, ou encore Karl Friedrich Schinkel (1781-1841), qui remet les thèmes médiévaux au goût du jour. On assiste aussi à des regroupements d'artistes tels que les Nazaréens, qui puisent leur inspiration dans la religion catholique.

LE SIÈCLE DES LUMIÈRES

Le XVIIIe siècle est souvent appelé le « siècle des Lumières » en référence au mouvement intellectuel qui naît en Europe vers 1715 et prend fin avec la Révolution française, en 1789. Celui-ci fait l'éloge de la raison et de la connaissance, afin de sortir l'homme de l'obscurantisme instauré conjointement par l'État et l'Église. Les 35 volumes de *L'Encyclopédie* (1751-1772) qui, sous la direction de Denis Diderot (1713-1784), se donne pour objectif de rassembler tous les savoirs de l'époque, sont particulièrement emblématiques de l'esprit des Lumières. C'est également au XVIIIe siècle que se multiplient les salons, lieux incontournables de la sociabilité et de la vie intellectuelle, dans lesquels on s'entretient de philosophie, de politique et de littérature. Dans le domaine des arts, on assiste à un retour à l'inspiration antique, caractérisée par la rigueur, l'ordre et la sobriété, et à la promotion d'une peinture extrêmement codifiée, qui accorde la primauté au dessin sur la couleur, prône l'idéalisation des sujets et fait de la peinture d'histoire le genre majeur.

L'EUROPE À L'HEURE ROMANTIQUE

Dès le début du XIXᵉ siècle, le romantisme se répand au reste de l'Europe, touchant tous les arts. Si l'influence de l'Allemagne sur le romantisme européen est immense, le romantisme allemand n'en garde pas moins des particularités propres, parmi lesquelles un attrait certain pour les légendes nordiques et pour l'histoire de la jeune nation allemande.

Dans son ensemble, le romantisme s'apparente davantage à un état d'esprit ou à une manière de penser qu'à un véritable mouvement codifié : abolissant le règne de la raison et rejetant les règles néoclassiques, le romantisme crée un nouveau concept, celui du génie artistique. À la fois créatif, irrationnel, passionné, libéré de toute contrainte et souvent incompris, l'artiste romantique puise son inspiration en son for intérieur, mettant en avant, dans ses œuvres, ses sentiments et son intériorité. En peinture, cela se traduit par la libération de la touche et l'exaltation des couleurs, qui prennent le pas sur le tracé rigoureux du dessin. Quant aux thèmes romantiques, si l'on observe certaines constantes – l'évocation de la nature et du rêve, ou encore la référence au Moyen Âge –, le mouvement adopte toutefois des formes variées selon les pays où il se développe, puisant dans les répertoires nationaux de chacun d'eux pour créer des singularités.

L'IMPORTANCE DU PAYSAGE

Grâce aux travaux de grands philosophes comme Emmanuel Kant (1724-1804) en Allemagne et Edmund Burke (1729-1797) en Angleterre, qui se penchent notamment sur l'esthétique et l'idée du sublime, le paysage, un des thèmes privilégiés du romantisme, se développe sous un jour nouveau en Europe.

Dans sa *Recherche philosophique sur l'origine de nos idées du sublime et du beau* (1757), Burke définit le sublime comme le sentiment le plus fort que l'on puisse ressentir. Dépassant le beau, il est synonyme de grandiose et d'inaccessibilité, et naît à la fois dans la crainte et la fascination de l'homme face à la nature. Les artistes abandonnent alors la stricte représentation du réel pour dépeindre des paysages subjectifs, dans lesquels ils n'hésitent pas à exprimer leur individualité, susceptible de susciter l'émotion du spectateur. Pour ce faire, d'aucuns dépeignent une nature déchaînée vue comme une force destructrice qui engloutit l'homme, à l'instar du Britannique William Turner (1775-1851), tandis que d'autres utilisent la brume ou le brouillard afin de plonger le spectateur dans un état méditatif, voire mystique, soulignant ainsi le caractère divin de la nature, à l'image de Caspar David Friedrich. Mais surtout, à travers la peinture de paysage, les artistes romantiques cherchent à atteindre l'essence même de la nature.

BIOGRAPHIE

UNE JEUNESSE DOULOUREUSE

Si Friedrich, né en 1774, incarne aussi bien l'image du génie romantique tourmenté, cela tient peut-être à sa jeunesse tragique. En effet, sixième enfant d'une famille qui en compte dix, il perd sa mère, bientôt suivie par trois de ses frères et sœurs, alors qu'il n'a que sept ans. Il est donc élevé par son père, un fabricant de savon, dans la plus stricte tradition luthérienne. Le décès d'un de ses frères, Johann Christoffer, en 1787, alors qu'il tentait de sauver Friedrich des eaux gelées de la mer Baltique sur laquelle il patinait, touche particulièrement le jeune garçon. Cet épisode douloureux participera sans nul doute à son état dépressif et influencera profondément sa peinture, dont les deux thématiques de prédilection sont la mort et la nature.

À partir de 1788, Friedrich suit les cours de Johann Gottfried Quistorp (1755-1835), professeur de dessin à l'université de Greifswald. Celui-ci l'aide ensuite à intégrer l'Académie des beaux-arts de Copenhague, considérée à cette époque comme l'une des plus prestigieuses d'Europe du Nord, qu'il fréquente de 1794 à 1798. Le jeune artiste y côtoie les plus grands peintres danois de son temps : Jens Juel (1745-1802) et Christian August Lorentzen (1749-1828). Cependant, si elle lui permet de se perfectionner dans l'art du dessin, l'Académie ne propose pas de formation en peinture. C'est à Dresde, en Saxe, où il s'installe dès 1798 et où il passera toute sa carrière, que Friedrich s'initie à la peinture à l'huile au contact d'artistes locaux comme Adrian Zingg (1734-1816) et Johann Christian Klengel (1751-1824). Dresde est à cette époque en pleine émulation intellectuelle, et des philosophes de renom tels qu'August Wilhelm von Schlegel (1767-1845), grand théoricien du romantisme, et surtout Johann Wolfgang von Goethe

(1749-1832), célèbre poète mais aussi théoricien de l'art, y séjournent pour un temps. Friedrich entretiendra d'ailleurs une correspondance soutenue avec ce dernier à partir de 1805.

LE PAYSAGE AU PREMIER PLAN

Ses premiers travaux sont consacrés au dessin à travers la gravure sur métal ou sur bois. On lui prête, au début des années 1800, quelque 18 eaux-fortes (procédé de gravure sur une planche de métal) et quatre xylographies (technique de reproduction qui utilise la gravure sur bois) dont il ne sera tiré qu'un nombre réduit d'exemplaires à destination de sa famille ou de ses proches. S'il s'essaie d'abord à l'art du portrait, il se tourne très vite vers les paysages, travaillant surtout sur les horizons de la Baltique. Particulièrement désireux de valoriser le décor germanique, il renonce au traditionnel voyage en Italie couronnant la formation des futurs artistes. C'est également pour cette raison que Friedrich s'inspire de l'esprit gothique plutôt que de celui des Lumières, qui constitue la norme de l'époque : le peintre refuse toute intrusion des modèles antiques dans son œuvre.

LE GOTHIQUE

L'art gothique naît en Île-de-France aux environs du XIIe siècle. Il gagne ensuite toute l'Europe occidentale au XIVe siècle, évoluant pour devenir ce que l'on appelle le « gothique international ». Il s'agit d'un art très narratif, à visée didactique, usant de représentations conventionnelles et d'archétypes au détriment de l'imitation du réel. Le gothique s'exprime dans la peinture, mais aussi dans l'art de l'enluminure et du vitrail, dans la sculpture et même dans l'architecture.

Son premier tableau d'envergure, une huile sur toile, est exposé en 1808 et fait immédiatement scandale. *La Croix dans la montagne*, que l'on appelle aujourd'hui *Le Retable de Tetschen*, est destiné à servir de tableau d'autel, mais la scène religieuse est reléguée au second plan au profit d'un paysage qui occupe la quasi-totalité de l'œuvre. F. W. Basilius von Ramdohr, journaliste et critique d'art, en publie une critique virulente dans son *Journal pour le monde élégant*, reprochant à la toile de « glisser la peinture de paysage dans les églises et de la faire grimper sur les autels » (*Zeitung für die elegante Welt*, Dresde, janvier 1809).

Malgré sa mauvaise réception critique, *Le Retable de Tetschen* devient le manifeste de la peinture paysagiste romantique et esquisse déjà les grandes lignes de l'œuvre de Friedrich : un lieu où la spiritualité rencontre la nature sans que le divin ne soit représenté de manière directe. En effet, pour l'artiste, le divin est partout et bien que sa méthode de travail implique une rigoureuse observation de la nature, il ne cherche pas moins à donner une dimension spirituelle à chacune de ses œuvres.

UN SUCCÈS ÉPHÉMÈRE AVANT L'OUBLI

Les années 1810-1813 sont synonymes de succès pour Friedrich. Dans cet intervalle, il expose deux œuvres qui font sensation à l'Académie de Berlin, dont il devient membre : *Le Moine au bord de la mer* (1808-1810) et *L'Abbaye dans une forêt de chênes* (1809-1810), achetées par le roi Frédéric-Guillaume III de Prusse (1770-1840).

En 1818, l'artiste se marie avec Caroline Bommer, avec qui il a trois enfants. Cette période correspond à un certain renouveau dans sa peinture : il commence à y inclure quelques figures humaines et étoffe sa palette de couleurs pour la rendre plus lumineuse. Cette phase est pourtant de courte durée puisque, quelques années plus tard, le peintre se tourne à nouveau vers les paysages désolés, les ruines et autres processions mortuaires.

Vers 1819, il se lie d'amitié avec Carl Gustav Carus (1789-1869), philosophe et peintre romantique très estimé, auteur des *Neuf Lettres sur la peinture de paysage* (1831), qui théorisent la peinture de paysage allemande. Cet ouvrage se fonde sur la même expérience du paysage que Friedrich : « Quels sentiments s'emparent de toi lorsque gravissant le sommet des montagnes, tu contemples le spectacle glorieux qui s'ouvre devant toi ? Tu te recueilles dans le silence, tu te perds toi-même dans l'infinité de l'espace, tu sens le calme limpide et la pureté envahir ton être, tu oublies ton moi. Tu n'es rien, Dieu est tout. » (*Neun Briefe über Landschaftsmaleri*, 1831) La peinture de paysage apparaît comme une démarche aussi mystique qu'esthétique dans laquelle l'homme est écrasé par le divin qui se manifeste dans la grandeur de la nature.

En 1824, Friedrich connaît des problèmes de santé, auxquels s'ajoutent bientôt des difficultés financières. Si l'artiste peint de moins en moins, il reçoit pourtant, en 1834, le sculpteur et graveur français David d'Angers (1788-1856) qui laisse, à propos de son œuvre, une formule restée célèbre : « Cet homme a découvert la tragédie du paysage. » L'état de santé du peintre s'aggrave encore lorsque, en 1835, il subit une première attaque cérébrale qui réduit considérablement ses capacités physiques et affecte de ce fait son art. Par la suite, il ne produit plus que des dessins. Lorsqu'il meurt, en 1840, c'est dans l'indifférence générale, et il faudra attendre la seconde moitié du XXe siècle pour qu'il soit réhabilité en tant que chef de file de la peinture romantique allemande du XIXe siècle.

CARACTÉRISTIQUES

FRIEDRICH ET LE ROMANTISME

Avec le romantisme, les artistes se focalisent dorénavant sur leur propre subjectivité dans une totale liberté de création, traduisant dans leurs œuvres leurs émotions, leurs passions, leurs intuitions. Caspar David Friedrich n'est pas en reste et représente, dans ses paysages, non pas une image idéale de la nature, mais plutôt une sorte de miroir de son âme, un reflet de ses tourments, de ses espoirs, de ses croyances. Marqué par le deuil dès son enfance, il met surtout l'accent sur le mysticisme et le thème de la mort, composant des œuvres aux traits abrupts et, la plupart du temps, baignées d'une lumière froide. Puisant dans sa propre histoire, il couche sur ses toiles ses interrogations et propose en même temps une réflexion universelle : y a-t-il un salut imaginable après la mort ?

Friedrich se rattache également au mouvement romantique par son attrait pour la peinture de paysage et la représentation de la nature dans toute sa grandeur, mais aussi par son goût pour le Moyen Âge, penchant perceptible dans ses représentations de ruines aux allures gothiques. De manière générale, il rejette les civilisations classiques grecque et romaine, fuyant toute influence antique.

UN NATIONALISME EXACERBÉ

À côté de ces caractéristiques romantiques, on perçoit dans l'œuvre de Friedrich un attachement particulier vis-à-vis de la culture locale, des traditions nationales et des panoramas emblématiques de sa région, comme c'est le cas par exemple dans Vue de la vallée de l'Elbe (1807), Matin dans le Riesengebirge (1810) ou encore Prés à Greifswald

(1820). L'importance qu'attache l'artiste à son pays natal lui vaut rapidement la réputation de nationaliste, voire d'anti-Français – un sentiment d'ailleurs partagé par bon nombre de romantiques allemands face aux campagnes napoléoniennes. La réputation de Friedrich est telle que, lors de la montée du nazisme, dans les années trente, ses œuvres, un temps oubliées, rencontrent un succès inattendu.

Par ailleurs, Friedrich affiche clairement son inimitié envers les troupes de Napoléon durant l'occupation française de Dresde, allant jusqu'à peindre une toile ouvertement critique, Tombes des combattants pour la liberté (1812). Il fréquente également activement Ernst Moritz Arndt (1769-1860), un écrivain allemand engagé dans la lutte politique contre l'occupation napoléonienne. Celui-ci partage avec le peintre une réputation trouble à mi-chemin entre patriote héroïque et nationaliste extrémiste.

LE DIVIN À TRAVERS LE PAYSAGE

L'originalité majeure de l'art de Friedrich semble être la dimension divine qu'il imprime à ses représentations de la nature, mais de manière tacite. Si ses sujets sont variés (bords de mer, campagnes, hautes montagnes, etc.), le traitement qu'il leur impose est toujours le même : il ne cherche ni à idéaliser la nature, ni à retranscrire fidèlement le réel, mais plutôt à dépeindre la manière avec laquelle le divin s'impose à l'homme à travers la grandeur des paysages. De plus, ses tableaux sont parsemés d'éléments à portée symbolique comme des ruines, des arbres tordus ou cassés, des rochers fendus, d'épaisses brumes ou encore des processions de moines qui invitent le spectateur à méditer sur le paysage représenté.

Afin d'accentuer plus encore le côté méditatif, voire mystique, de ses toiles, Friedrich joue fréquemment sur l'agencement classique des plans (avant-plan, plan médian et arrière-plan) – voir notamment

Deux hommes contemplant la lune (1819) *ou* Corbeaux sur un arbre (1822) –, brouillant les repères de l'œil et lui permettant de se promener librement dans le tableau sans se soucier d'un hypothétique sens de lecture.

Enfin, il est intéressant de noter que si toutes les peintures de l'artiste sont précédées de dessins préparatoires restituant fidèlement le réel, le rendu final de ses tableaux présente un résultat tout à fait différent. En effet, à de nombreuses reprises, Friedrich utilise plusieurs études effectuées à divers endroits pour composer une seule œuvre, ce qui tend à prouver que la représentation du réel a moins d'importance que les sensations suscitées chez le spectateur.

EN CONTEMPLANT UNE COLLECTION DE PEINTURE

L'œuvre de Friedrich s'étaye également d'une réflexion philosophique récemment compilée dans l'ouvrage *En contemplant une collection de peinture* (2011). S'il reprend les bases de la théorie sur le sublime kantien, Friedrich y évoque aussi l'art qui a la faveur de ses contemporains, ainsi que ses propres peintures. Loin de livrer un enseignement théorique sur le beau, la technique ou la composition de ses œuvres, il préfère détailler sa pensée et évoquer les moyens qu'il utilise afin d'introduire la spiritualité dans ses tableaux.

LE RETABLE DE TETSCHEN

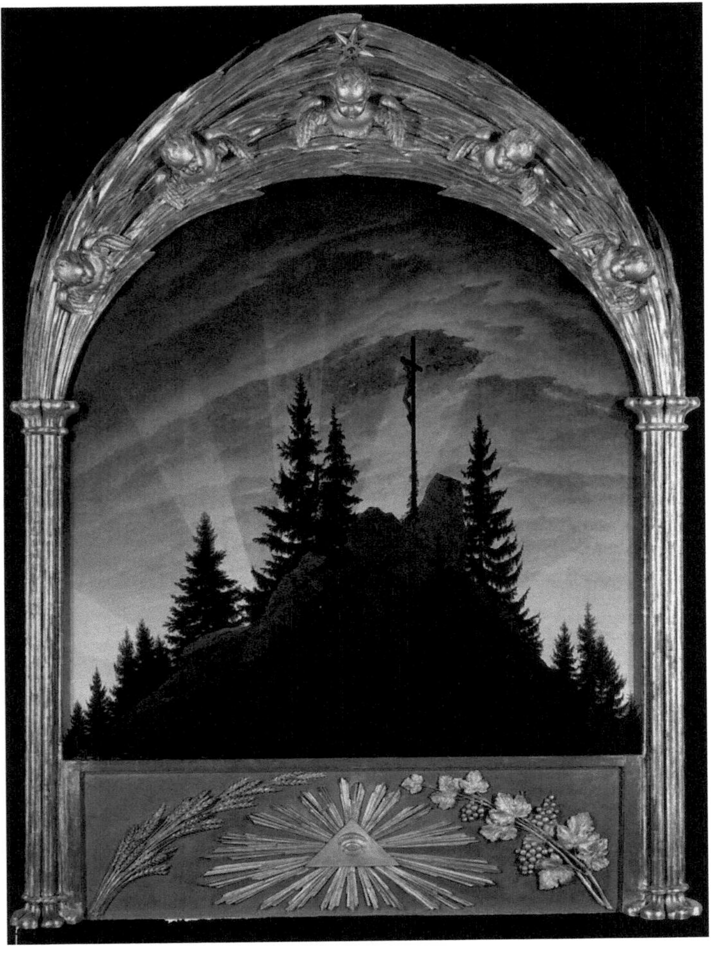

Le Retable de Tetschen, également appelé *Croix dans la montagne*, 1808, huile sur toile, 115 × 110 cm, Dresde, galerie Neue Meister.

C'est grâce à l'exposition d'un dessin aujourd'hui disparu à Dresde que Friedrich est remarqué par le comte de Thun-Hohenstein, issu de la noblesse autrichienne. Celui-ci lui commande alors un retable destiné à décorer un autel. Cette œuvre suscite de nombreuses polémiques à cause de l'importance que Friedrich accorde au paysage alors qu'il s'agit d'une œuvre religieuse. En effet, jusque-là, la hiérarchie des genres picturaux plaçait la peinture d'histoire, qu'elle soit religieuse ou profane, au-dessus de la représentation de la nature. Or, ici, la règle est inversée, puisque le paysage remplit quasiment l'intégralité du tableau, où seule une croix fait directement référence au caractère religieux de l'œuvre.

D'un point de vue formel, le spectateur est directement immergé dans la scène grâce à la fusion des plans (avant-plan et arrière-plan), qui invite encore plus à la contemplation et à la méditation si chères à l'artiste. Dans cette optique, le cadre joue lui aussi un rôle particulier. Sculpté par Christian Gottlieb Kühn (1780-1828), sur les directives de Friedrich lui-même, il renforce la portée mystique de l'œuvre en y amenant plusieurs symboles chrétiens : des anges dont le regard est tourné vers la croix, l'œil omniscient de Dieu dans un triangle ou encore l'épi et la vigne, qui évoquent le corps et le sang du Christ.

D'autre part, le retable est de facture très nette. Le dessin est précis, témoignant de la formation poussée de l'artiste dans ce domaine, tandis que la touche, lisse et soignée, participe également à la sensation d'une vision mystique. Cette dimension mystique est par ailleurs encore soulignée par l'utilisation de la lumière : très sombre, le tableau semble pourtant éclairé de l'intérieur par de larges rayons lumineux symbolisant la présence du divin sur la montagne.

Enfin, les montagnes représentées dans l'œuvre offrent certaines similitudes avec d'autres montagnes peintes par Friedrich, par exemple celles de *Vue de la vallée de l'Elbe* (1807).

Cela s'explique par le fait que le peintre utilisait parfois, comme on l'a vu plus haut, les mêmes dessins préparatoires pour composer plusieurs œuvres.

LE VOYAGEUR CONTEMPLANT UNE MER DE NUAGES

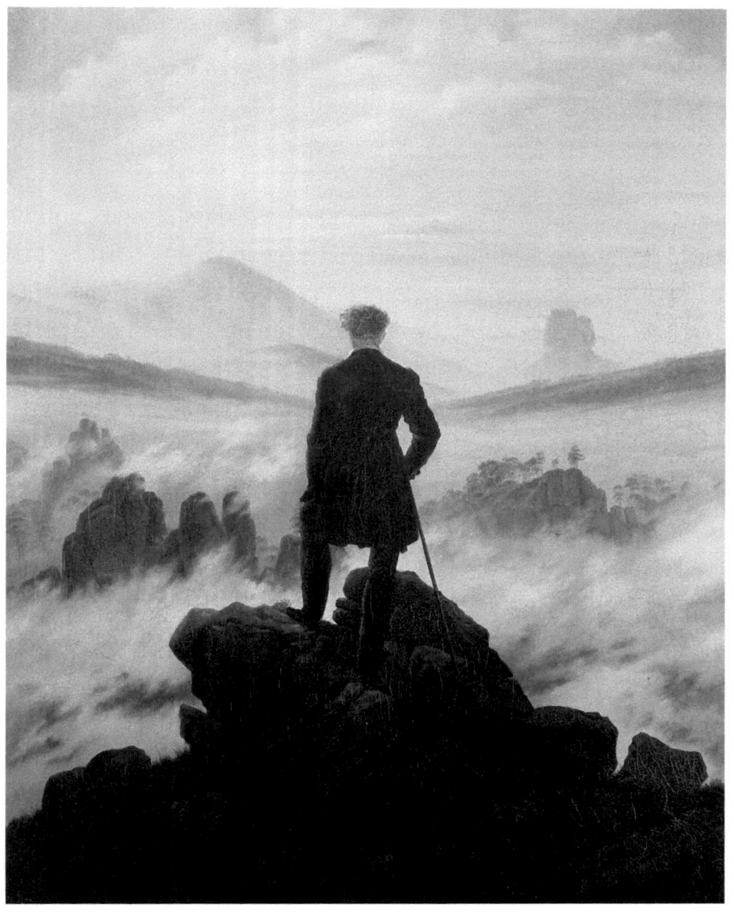

Le Voyageur contemplant une mer de nuages, 1817, huile sur toile, 94,4 x 74,8 cm, Hambourg, Kunsthalle.

Dans cette toile, ce qui pourrait n'être qu'un simple paysage de brumes et de nuages s'avère être bien plus riche qu'il n'y paraît à première vue. Il s'agit, tout d'abord, d'une œuvre de contrastes. Que ce soit à travers les couleurs (foncées à l'avant-plan et claires à l'arrière-plan), les ombres (très présentes à l'avant-plan et absentes de l'arrière-plan) ou encore les sensations picturales (lignes rigides et cassantes à l'avant-plan contrastant avec les contours flous et désordonnés de l'arrière-plan), tous les éléments du tableau tendent à opposer l'ensemble du voyageur et l'ensemble formé par le paysage. Ce procédé renforce l'idée que le personnage contemple une réalité très éloignée de la sienne, qui le dépasse totalement. Il est en totale admiration devant une nature sublime et transcendante dans laquelle il voit l'intervention de Dieu.

Pour ce qui est du personnage lui-même, s'il est censé représenter un haut fonctionnaire saxon des Eaux et Forêts, reconnaissable à son costume vert, deux interprétations symboliques sont également possibles. Il pourrait soit incarner l'artiste lui-même, partageant sa vision du monde, soit constituer une projection du spectateur dans l'espace du tableau, afin de l'inviter à se confronter au spectacle offert par la nature. Une autre interprétation de cette œuvre y voit encore la synthèse de tout l'idéal romantique : l'évocation de la nature déchaînée serait à mettre en parallèle avec la liberté artistique des peintres romantiques (DUFOUR-KOWALSKA (Gabrielle), *Caspar David Friedrich. Aux sources de l'imaginaire romantique*, Paris, L'Âge d'Homme, 1992). En effet, ce paysage, à la fois mystérieux et irrationnel, reflète davantage la sensibilité de l'artiste que l'idéal rationaliste. Ce que le personnage contemple n'est pas le spectacle de la nature, mais bel et bien un paysage intérieur.

FALAISES DE CRAIE SUR L'ÎLE DE RÜGEN

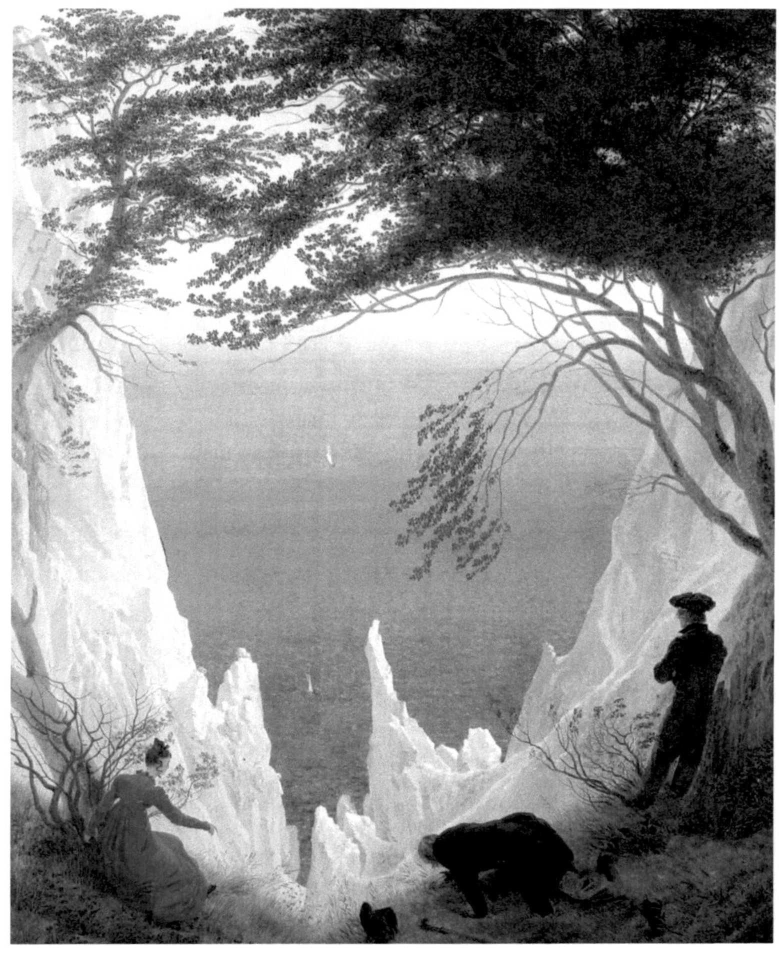

Falaises de craie sur l'île de Rügen, 1818, huile sur toile, 90,5 x 71 cm, Winterthour (Suisse), Museum Oskar Reinhart am Stadtgarten.

Lors de leur lune de miel, Friedrich et sa jeune épouse s'offrent une excursion, accompagnés par l'un des frères du peintre, à Rügen, une petite île sur la Baltique. Ce sont ces mêmes personnages qui seraient représentés sur la toile : Caroline Bommer à gauche, Friedrich au centre et son frère à droite.

On retrouve ici les deux dimensions majeures du paysage romantique : d'une part, son aspect menaçant et inquiétant, puisque l'on voit d'abord ce gouffre, ce vide, qui attire et suggère que la nature peut être source de mort ; d'autre part, son caractère absolu. En effet, passé la première impression, on aperçoit une vue superbe, avec trois bateaux qui invitent le spectateur à la contemplation et lui ouvrent ainsi la porte vers quelque chose de supérieur. Une interprétation renforcée par le fait que la mer se confond avec l'horizon. Cette vision est d'ailleurs parfaitement résumée dans l'attitude du seul personnage féminin du tableau, dont on ne peut dire s'il est effrayé par le vide qui lui fait face ou si, au contraire, il est absorbé par la beauté du paysage qui s'offre à lui.

Enfin, on constate également une certaine étrangeté dans cette toile : Friedrich propose une vue plongeante et, pourtant, il incite le spectateur à porter son regard vers l'horizon. Ces deux points de vue suscitent un sentiment ambivalent, incarné par les deux personnages masculins, habillés de manière identique, mais représentés dans des positions différentes : tandis que l'homme debout à gauche contemple le paysage avec calme et sérénité, le personnage couché au centre semble pris de panique face au gouffre qu'il surplombe. Le fait de rassembler dans une seule œuvre deux moments distincts, désignant deux attitudes de l'homme face à la nature – la contemplation et la méfiance –, est inédit dans l'histoire de la peinture. En parallèle, Friedrich nous livre également sa propre vision de la mort, ou plutôt de la fragilité de la vie.

FEMME À LA FENÊTRE

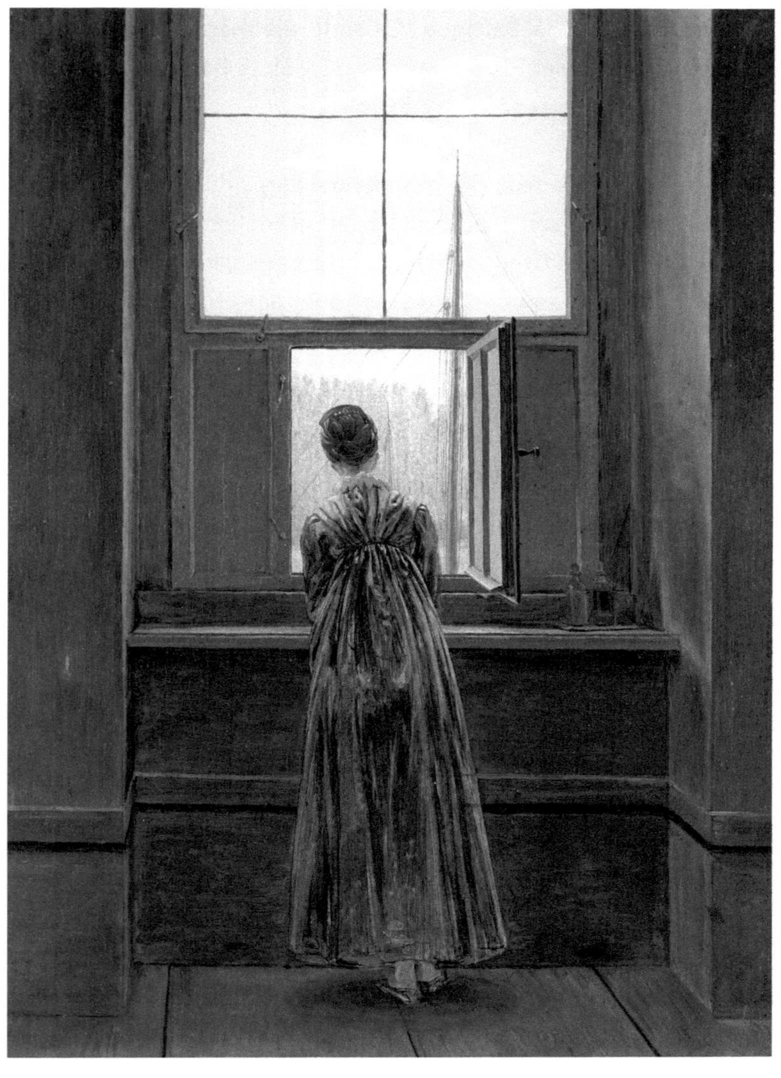

Femme à la fenêtre, 1822, huile sur toile, 44 x 37 cm, Berlin, Alte Nationalgalerie.

Ce type d'œuvre, représentant une silhouette féminine de dos en train de contempler un paysage, est assez caractéristique de la production de Friedrich après son mariage en 1818. Par comparaison avec plusieurs dessins préparatoires et autres croquis, on sait que la jeune femme dépeinte ici est son épouse, Caroline Bommer, et que cet intérieur est celui de son atelier à Dresde.

Femme à la fenêtre est une œuvre résolument romantique, même si la place du paysage est quelque peu diminuée par rapport aux autres tableaux de Friedrich. La position du personnage, à elle seule, invite le spectateur à se mettre à sa place et à contempler à son tour le monde par la même fenêtre. En regardant par-dessus son épaule, on peut apercevoir les cordages d'un bateau, des peupliers et un cours d'eau, probablement l'Elbe s'il s'agit bien d'une représentation de l'atelier de l'artiste. C'est, encore une fois, une œuvre méditative chargée d'une portée symbolique forte que le spectateur doit trouver par lui-même. En effet, l'artiste prend soin de donner un minimum d'explications sur ses œuvres et rechigne même à en parler quand on l'interroge tant le cheminement intérieur du spectateur lui importe.

LA MER DE GLACE

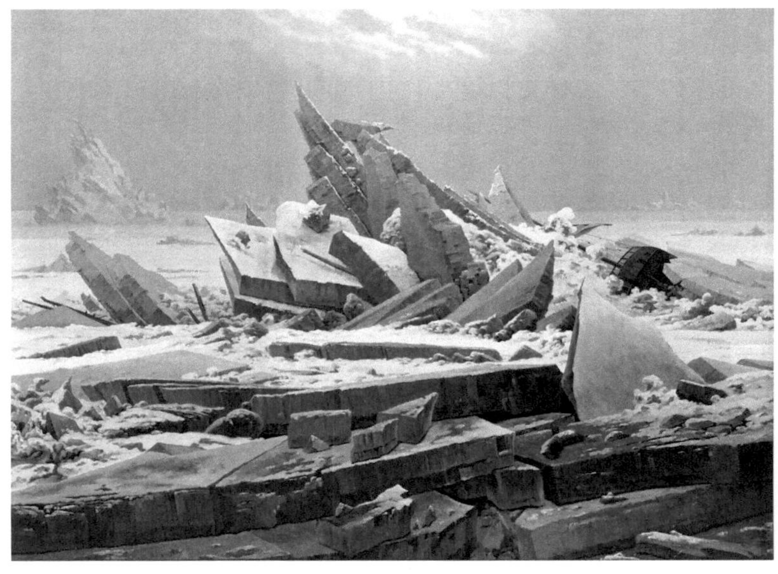

La Mer de glace, 1824, huile sur toile, 96,7 x 126,9 cm, Hambourg, Kunsthalle.

Cette œuvre est particulièrement emblématique du travail de Friedrich et de son implication dans le mouvement romantique. Il s'agit d'un paysage polaire dévasté par des glaces menaçantes et imposantes. Tellement imposantes qu'on en oublie presque le sujet du tableau : le naufrage d'une expédition maritime vers le Grand Nord, évoqué par une épave dans la partie droite de l'œuvre, au moment de la découverte des pôles (1819-1820).

Cette toile est, encore une fois, en équilibre entre un naturalisme cru, visible dans la précision des détails des blocs de glace, et un sentiment d'irréalité provoqué par des artifices picturaux tels que l'abolition des différents plans du tableau ou l'utilisation d'une perspective atmosphérique (l'illusion de la profondeur n'est pas rendue par les lignes de fuite mais par des dégradés de couleurs qui s'estompent selon la distance).

Comme à son habitude, Friedrich compose son paysage en s'inspirant d'esquisses effectuées à différents moments dans diverses régions d'Allemagne, notamment aux abords de l'Elbe gelé. Cela confère à l'ensemble de la composition un aspect réaliste sans qu'on puisse pour autant trouver l'endroit exact d'où le peintre aurait effectué son croquis. De plus, le tableau évoque une partie sombre de l'histoire personnelle de l'artiste : la noyade accidentelle de son frère lors d'une partie de patinage.

Incomprise par ses contemporainssans doute parce qu'elle s'éloigne un peu trop des règles académiques, l'œuvre ne trouve pas acquéreur avant la mort de l'artiste. Ce paysage chaotique, en rupture complète avec la rigide symétrie du classicisme cher au XVIIIe siècle, inspirera pourtant au sculpteur David d'Angers l'expression de « tragédie du paysage ». Enfin, à travers cette œuvre, c'est également la quête spirituelle de Friedrich qui est mise en scène. L'élévation vers le divin est en effet perceptible dans l'amas de glace qui semble vouloir toucher le ciel. L'espoir de communier avec la divinité, également palpable dans des couleurs claires et la représentation de la brume, est, comme souvent chez Friedrich, contrebalancé par la mort (incarnée par l'épave) et les épreuves évoquées par l'aspect coupant des blocs de glace.

DES TITRES VOLONTAIREMENT VAGUES

Friedrich, comme beaucoup de peintres romantiques, tenait à souligner la fonction purement esthétique de ses tableaux. C'est pourquoi il prenait soin de ne pas leur donner de titres trop précis ou trop descriptifs, ce qui eut pour effet de compliquer la tâche des spécialistes chargés d'établir la chronologie de son œuvre. Heureusement, l'artiste tenait un journal dans lequel il consignait le détail de sa production et grâce auquel on a pu établir son parcours artistique.

CASPAR DAVID FRIEDRICH, UNE SOURCE D'INSPIRATION

Si de nos jours les œuvres de Friedrich sont mises à l'honneur dans les plus grands musées allemands, autrichiens, russes, anglais ou français, sa reconnaissance, tardive, ne survient toutefois qu'au tournant du XXe siècle. Avant cette époque, le peintre fait peu d'émules, si ce n'est à travers les œuvres des peintres allemands Carl Gustav Carus (1789-1869) et Carl Blechen (1798-1840), et du Norvégien Johan Christian Claussen Dahl (1788-1857).

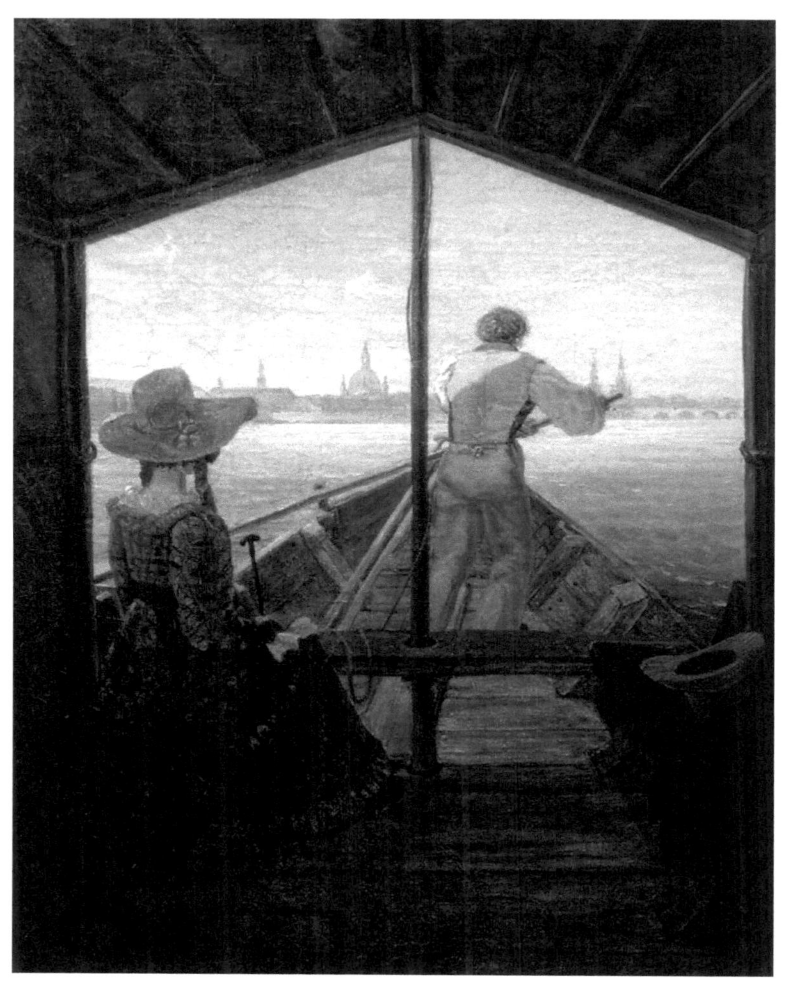

CARUS (Carl Gustav), *Une gondole sur l'Elbe près de Dresde*, 1827, huile sur toile, 64 x 81 cm, Düsseldorf, Museum Kunstpalast.

Dans *Une gondole sur l'Elbe près de Dresde* (1827), Carl Gustav Carus reprend les principaux éléments caractéristiques de l'œuvre de Friedrich. Tout d'abord, le peintre choisit de représenter un environnement cher à son mentor et ami : le paysage de l'Elbe, à proximité de Dresde. Ce paysage s'ouvre d'ailleurs au regard du spectateur comme à travers une fenêtre et est accompagné des mêmes brumes qui hantent l'œuvre de Friedrich. Le paysage en lui-même est également traité de la même façon que ceux de Friedrich, dans des nuances claires et pastel qui contrastent fortement avec les figures de l'avant-plan, suggérant ainsi une promesse presque irréelle. En outre, les deux personnages de dos ont la même fonction que ceux de Friedrich, servant de guide au spectateur dans la contemplation d'une nature sublime et transcendante. Enfin, Carus rompt avec les règles classiques de la perspective pour s'essayer au même procédé que celui utilisé dans *La Mer de glace*, c'est-à-dire un effet de profondeur rendu par le subtil dégradé de couleurs qui s'effectue de bas en haut, du plus foncé au plus clair, du plus tangible au plus éthéré.

Pour sa *Vue d'Assise* (1832-1835), Carl Blechen privilégie, comme le maître, le paysage à la scène qui se déroule dans le fond du tableau. En effet, la nature envahit les trois quarts de la composition, dont le reste ne semble qu'accessoire à la lecture de l'œuvre. La composition des plans semble également confuse et la partie la plus éloignée du paysage apparaît presque irréelle à côté de la précision toute naturaliste des feuillages de l'avant-plan.

Enfin, dans *Vue de Dresde au clair de lune* (1839), Dahl exprime à son tour la suprématie du paysage sur les sujets animés. Dès lors, les personnages ne sont plus qu'anecdotiques dans cette représentation presque onirique de Dresde. Le paysage intérieur de l'artiste se confond avec le paysage réel, dans la plus pure tradition romantique – fil rouge de l'œuvre de Friedrich. De plus, c'est une nouvelle fois le paysage national qui est ici mis à l'honneur. Il n'est pas question de faire référence à l'Antiquité, mais plutôt d'évoquer l'époque et l'environnement de Friedrich.

EN RÉSUMÉ

- Caspar David Friedrich, né en 1774 en Allemagne, s'impose comme le chef de file du romantisme allemand du XIXe siècle, grâce à une œuvre essentiellement composée de paysages reflétant son passé douloureux.
- Marqué par de nombreux deuils durant dans son enfance, il développe un attrait particulier pour le thème de la mort et mysticisme. La principale originalité de ses paysages réside ainsi dans leur dimension spirituelle : Friedrich voit en chaque élément de la nature (bord de mer, campagne, montagne, falaise, etc.) une manifestation divine. Dès lors, ses œuvres se veulent une invitation à la méditation.
- À côté de cet aspect mystique, sa production révèle également un attachement particulier vis-à-vis de la culture locale, des traditions nationales et des panoramas emblématiques de sa région. L'artiste accorde tellement d'importance à son pays qu'il a la réputation d'être un peintre nationaliste.
- Si Friedrich connaît le succès à un moment donné, certaines de ses œuvres scandalisent pourtant le public, comme c'est le cas du *Retable de Tetschen* (1808), auquel on reproche d'élever la peinture de paysage au même rang que la peinture d'histoire religieuse.
- À la fin de sa vie, l'artiste tombe dans l'oubli et meurt dans l'indifférence la plus totale en 1840. Il faudra attendre la seconde moitié du XXe siècle pour que sa peinture soit redécouverte et réhabilitée.

POUR ALLER PLUS LOIN

SOURCES BIBLIOGRAPHIQUES

- BERNARD (Edina), *Histoire de l'art du Moyen Âge à nos jours*, Paris, Larousse, 2006.
- CARVALHO (Roberto), *Le Petit Livre du grand art. La peinture occidentale de la préhistoire au postimpressionnisme*, Paris, Gründ, 2005.
- CISERI (Ilaria), *Le Romantisme*, Paris, Gründ, 2004.
- DUFOUR-KOWALSKA (Gabrielle), *Caspar David Friedrich. Aux sources de l'imaginaire romantique*, Paris, L'Âge d'homme, 1992.
- Fondation Caspar David Friedrich, sur http://www.caspar-david-friedrich-gesellschaft.de/index.php, consulté le 21/10/2014.
- FRIEDRICH (Caspar David), *En contemplant une collection de peinture*, Paris, Éditions Corti, 2011.
- GRAVE (Johannes), *À l'œuvre. La théologie de l'image de Caspar David Friedrich*, Paris, Éditions de la Maison des sciences de l'homme, 2011.
- HOFMANN (Werner), *Caspar David Friedrich*, Paris, Hazan, 2000.
- « Romantisme », sur http://www.aparences.net/periodes/romantisme/le-romantisme/, consulté le 21/10/2014.
- ROSENBLUM (Robert), *Peinture moderne et Tradition romantique du Nord*, Paris, Hazan, 1996.
- VAUGHAN (William), *Friedrich*, Londres, Phaidon Press, 2004.
- VAUGHAN (William), *German Romantic Painting*, New Haven, Yale University Press, 1980.
- WOLF (Norbert), *Friedrich*, Cologne, Taschen, 2003.

SOURCES ICONOGRAPHIQUES

- CARUS (Carl Gustav), *Une gondole sur l'Elbe près de Dresde*, 1827, huile sur toile, 64 x 81 cm, Düsseldorf, Museum Kunstpalast. La photo reproduite est réputée libre de droits.
- FRIEDRICH (Caspar David), *Falaises de craie sur l'île de Rügen*, 1818, huile sur toile, 90,5 x 71 cm, Winterthour (Suisse), Museum Oskar Reinhart am Stadtgarten. La photo reproduite est réputée libre de droits.
- FRIEDRICH (Caspar David), *Femme à la fenêtre*, 1822, huile sur toile, 44 x 37 cm, Berlin, Alte Nationalgalerie. La photo reproduite est réputée libre de droits.
- FRIEDRICH (Caspar David), *La Mer de glace*, 1824, huile sur toile, 96,7 x 126,9 cm, Hambourg, Kunsthalle. La photo reproduite est réputée libre de droits.
- FRIEDRICH (Caspar David), *Le Retable de Tetschen*, également appelé *Croix dans la montagne*, 1808, huile sur toile, 115 x 110 cm, Dresde, galerie Neue Meister. La photo reproduite est réputée libre de droits.
- FRIEDRICH (Caspar David), *Le Voyageur contemplant une mer de nuages*, 1817, huile sur toile, 94,4 x 74,8 cm, Hambourg, Kunsthalle. La photo reproduite est réputée libre de droits.

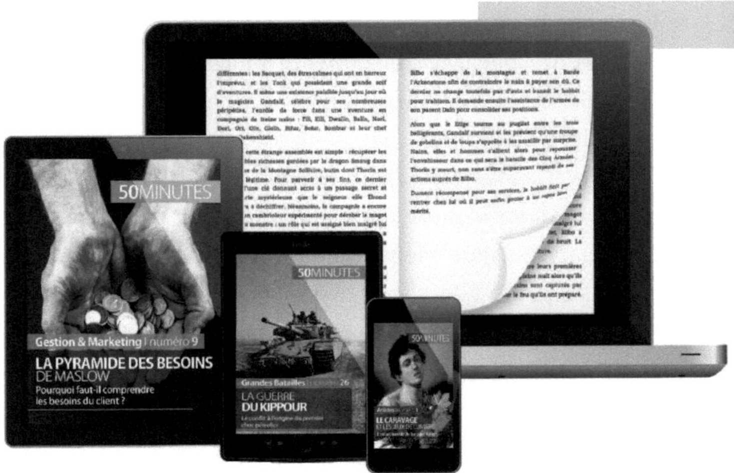

50MINUTES

www.50minutes.com

Éditeur responsable : Lemaitre Publishing
Rue Lemaitre 4 | BE-5000 Namur
info@lemaitre-editions.com

ISBN ebook : 978-2-8062-5820-5
ISBN papier : 978-2-8062-5821-2
Dépôt légal : D/2015/12603/124
Photo de couverture : © *Le Voyageur contemplant une mer de nuages*, 1817, par Caspar David Friedrich.

Conception numérique : Primento,
le partenaire numérique des éditeurs